KESKI-SUOMEN

TAIVAAN ALLA

Ksantippa Särkinen

KESKI-SUOMEN
TAIVAAN ALLA

Kirjan kuvat: Ksantippa Särkinen

@ Ksantippa Särkinen

Kustantaja:
BoD – Books on Demand, Helsinki, Suomi
Valmistaja:
BoD – Books on Demand, Norderstedt, Saksa

ISBN 978-952-339-535-0

RUUSUT

ruusut elämän

värit vaihtelevat

eri aikoina

sävyt

peittävät

tunteita ja ajatuksia

välillä

tie piikikäs

kuin ruusun varsi

mutta

välillä

vihreä kuin ruusun lehti

ruusun saaja ja antaja

toisensa löytävät

elämä

jatkuu

silloin

yhdessä

väistyy huolet, murheet

ilo saapuu

kummallekin

sydämiin

RAKKAUSRUNO

Kauan odotin

kunnes kohtasin

silmiin katsoen

miehen rohkean

pelottoman

AURINGON SÄTEET

Aurinko

säteilee

maapalloamme lämmittää

valo kimmeltää

kastepisaroissa

ANTEEKSIPYYNTÖ

anteeksi pyydän

kun Sinua loukkasin

en tehnyt sitä

tieten tahtoen

VESI

vilvoittava

virkistävä

elämän lähde

maan pinnan alta

pulppuaa

janon tunteen

sammuttaa

ULKOILUPÄIVÄ

lauantai-iltapäivänä
ulkoilupäivää
vietettiin
palvelutalon asukkaita
sinne vietiin
matka taittui
hitaasti
pyörätuolien työntäjiä
väsytti
ylämäessä ponnistusta
alamäessä jarrutusta
vihdoin perille saavuttiin
urheilukentän uumeniin
marsseja kuunneltiin
soittokunta soitti niin

kahvit siellä tarjottiin

muutama laulu laulettiin

sitten palvelutalolle palattiin

USKO

uskoaan ei menttää voi

antaa toivoa uutta

vaikka matka tuskaa toi

kestettävä on loppuun saakka

kiitoksen luo

autuuden suo

onnen tuo

KIITOLLISUUS

kiitollinen olen monesta:

terveys

ystävät

perhe

hulluus

toimeentulo

koti

luovuus

paljon saaneena hymy huulilla

ADDIKTIOT

riippuvuudet
paheitako
osa hyviä
jokaisella
jotain
on niitä
yhtä paljon
kuin hiekan jyviä

vieroitus
on vaikeaa
tuskaa jopa
tuottaa
ahdistuksen
synnyttää
mielenrauhaa

järkyttää

fyysisesti

heikentää

helpotuksen saa

vasta ajan kanssa

HÄILYVÄ MIELI

ajatus

sisin

karkaa

itseään toistaa

itsekuri

riitämätön

myllerrys

käsittämätön

kiusaavat

piinaavat

sanat

kaikuvat

HERKKYYS

aistit

intuitiot

herkät

tunnot

koskettavat

sanat

teot

kirvoittavat

kyyneleet

hiljentymiseen

KAJASTUS

säleverhojen
välistä
valo pilkistävä
liinalle
heijastuu
pöytä
kaunistuu
katsojan silmä
kirkastuu
ilta-auringon
hohto
pian se
laskeutuu
liina varjoon
jää

AAMURUKOUS

kiitos suuri

armostasi

aamu koitti

jälleen uusi

anna siunauksesi

tälle päivälle

suo armosi

ja anna

voimaa

KESÄAAMU

reunoilla katujen

leskenlehdet jo kukkineet

kauan

yön jäljiltä vielä

sulkeutuneet

voikukat lehtensä nostaneet

aamukasteen peittäminä

koivujen lehdet

vaalean vihreät

oksat niillä urpujen

peittämät

siitepölynsä laskeneet

tuomipuiden kukat

vasta nupulla

pian kukkivat

puhtaan valkoisina

lintujen laulu

sateen jäljiltä

iloisena soi

aurinkoisen päivän

Luoja meille loi

SANOITUS

laulun sanat

jostain syntyvät

pään sisällä

ajatukset syvät

mielikuvitus antaa

siivet siihen

käsi kirjoittaa

riimin uuden

aiheita lauluun

paljon löytyy

sanat kun saapuu

kokeimman kädestä

säveltä vailla

sanat vielä

nuotteja tahtoo

sanoitus pidellä

YKSIN VAI YHDESSÄ

nyt kesä koittanut on

jälleen kerran

lehdet puihin kasvaneet

jonkin verran

yksin ken tahtoisi olla

parhaan vuodenajan

yhdessä sen viettää

tahtoo meistä joka ihminen

lämmön tuntea sydämen

auringon paisteen tuntien

välillä sateen raikkaan

ilmaa puhdistaen

LINTUJEN KOTO

Satumetsässä linnut pesänsä rakentaneet

poikaset siellä ruokaa odottaneet

emot sitä hakevat

isät myös ruokkivat

siellä kimalaiset asustavat

kukista mettä hakevat

oman kotinsa yksi näytti

sanoi kiire on ja kiiruhti

pienet vaahterat jo lehtensä saaneet

pihlajat kukkiaan odottaneet

mustikat jo kukassa

kohta marjat poimittavissa

PIILOSSA

kivien takana

puiden suojassa

piilopaikka

salainen

siellä lepää

sydän

levoton

uutta virtaa

luonto

antaa

hyttyset

vain

ahdistaa

AAMULLA

Varhain aamulla

kirjoitus syntyy

yön levosta

ei tietoakaan

uneton